# MARIE CURIE

Título original: MARIE CURIE: THE WOMAN WHO CHANGED THE COURSE OF SCIENCE
Concebido y diseñado por Marshall Editions
The Old Brewery, 6 Blundell Street, London N7 9BH, U. K.

© 2006, Marshall Editions

De esta edición:
© 2006, Santillana de Ediciones Generales, S.L.
Torrelaguna, 60. 28043 Madrid
Teléfono: 91 744 90 60

Adaptación del inglés: CÁLAMO&CRAN, S.L.
Traducción: Wendy P. López
Edición y corrección: Jimena Licitra

Aguilar, Altea, Taurus, Alfaguara, S.A. de Ediciones
Avda Leandro N. Alem 720 C1001AAP, Buenos Aires. Argentina

Editorial Santillana, S.A. de C.V.
Avda Universidad, 767. Col. del Valle,
México D.F. C.P. 03100 México

Distribuidora y Editora Aguilar, Altea, Taurus, Alfaguara, S.A.
Calle 80, n° 10-23 Bogotá. Colombia

ISBN: 84-372-2469-1 / 970-770-764-X

*Printed and bound in China by Midas Printing Limited* / Impreso y encuadernado en China por Midas Printing Limited
Todos los derechos reservados

www.alfaguarainfantilyjuvenil.com
www.editorialaltea.com.mx

Página anterior: Marie Curie en su laboratorio.
Portadilla: Marie y su marido, Pierre, en plena luna de miel con las bicicletas que les dio
como regalo de boda el primo de Marie.

# MARIE CURIE

## LA MUJER QUE CAMBIÓ
## EL CURSO DE LA CIENCIA

### PHILIP STEELE

Altea

# CONTENIDO

## INFANCIA EN VARSOVIA

## AÑOS DE JUVENTUD

# UNIÓN DE GENIOS

**3**

# LA LUCHA FINAL

**4**

# INFANCIA EN VARSOVIA

1

# La pequeña María

La calle Freta se encontraba en el corazón de la vieja ciudad de Varsovia, en Polonia. En el número 16 se levantaba una pequeña escuela para niñas de muy buena reputación. Todo el mundo sentía una gran admiración por la joven directora, una antigua alumna de la escuela llamada Bronislawa Sklodowska.

Bronislawa y su marido, Wladislaw Sklodowski, vivían en un apartamento cercano a las aulas, desde donde podían escuchar las risas y conversaciones de las alumnas durante las horas de clase.

Los hijos de la pareja también hacían su parte de ruido. La mayor se llamaba Zofía y la llamaban "Zosia". Había venido al mundo en 1862. A Zosia, le seguía Józef (o Jozio), un año menor, y otras dos niñas, Bronislawa (Bronia, nacida en 1865) y Helena (Hela, nacida en 1866). Eran todos muy inteligentes y vivarachos. El 7 de noviembre de 1867, nació la más joven de la familia. La bautizaron con el nombre de María Salomea, pero la apodaron "Manya".

**Página anterior: La calle Freta, en el casco antiguo de Varsovia. María nació en un apartamento de esta calle.**

**Derecha: No muy lejos de la calle Freta se levantaba una columna en recuerdo de Zygmunt III, rey de Polonia y Suecia, que invadió Rusia en 1609. Sin embargo, en el siglo XIX, eran los rusos los que gobernaban Varsovia.**

## 1860
Wladislaw Sklodowski contrae matrimonio con Bronislawa Boguska.

## 1864
Fracasa el levantamiento polaco frente a Rusia.

Izquierda: La familia Sklodowski. De izquierda a derecha: Zosia, la mayor; Hela; María, llamada "Manya"; Jozio, el único varón; y Bronia.

## La importancia de un nombre

Una de las abuelas de María Salomea Sklodowska se llamaba María y la otra Salomea. El nombre de "María" siempre ha sido muy especial en Polonia, pues allí mucha gente es devota de la Virgen María. El apellido de María, Sklodowska, termina en "a" porque así se forman los femeninos en polaco. El masculino, en cambio, acaba en -i.

Los padres de María eran muy inteligentes y cultos. Bronislawa era, además, una devota católica. Su marido, en cambio, no era muy practicante. Él era científico y enseñaba física. Ambos procedían de familias de buena posición social, aunque no extremadamente ricas.

Por aquel entonces, Polonia se encontraba bajo mandato extranjero y Varsovia estaba gobernada por Rusia (páginas 14–15). Bronislawa y Wladislaw deseaban conocer una Polonia independiente.

## 18 de febrero de 1867

El cirujano Joseph Lister utiliza por vez primera un antiséptico en una operación para prevenir las infecciones.

## 7 de noviembre de 1867

María Salomea Slodowska nace en la calle Freta, en la ciudad de Varsovia.

La pequeña María no vivió mucho tiempo en la calle Freta. En 1868, su padre consiguió un empleo como profesor de física y director adjunto de una escuela secundaria para niños en la calle Novolipki, en la parte oeste de Varsovia. La escuela era un edificio largo y de baja altura con un jardín de lilas. El director del colegio era un ruso llamado Ivanov, que había dispuesto que todas las lecciones se enseñaran en ruso, en lugar de en polaco. A Wladislaw le disgustaban las formas de su nuevo jefe y le costaba disimular sus propios sentimientos nacionalistas.

El colegio ofreció una nueva casa a Wladislaw y toda la familia se mudó. La decoración de las habitaciones seguía la moda de la época, con terciopelo rojo y maderas oscuras barnizadas. En una de las paredes del estudio de Wladislaw colgaba un barómetro que registraba la presión del aire y las condiciones

**Izquierda: Edificios en el centro histórico de Varsovia, donde vivió la familia Sklodowski hasta 1868, cuando se mudaron al oeste de la ciudad.**

## 1868

Wladislaw Sklodowski es nombrado director adjunto del Instituto de la calle Novolipki.

## 1868

Bronislawa Sklodowska deja su trabajo en la calle Freta.

**Derecha: Bronislawa, la madre de María, se esforzaba al máximo por el bienestar y educación de sus hijos. Su salud empeoró a partir de 1871.**

meteorológicas. A la pequeña María le fascinaba este instrumento.

La calle Novolipki quedaba muy lejos del centro, por lo que Bronislawa decidió dejar su trabajo como directora del colegio de la calle Freta. Eran pocas las mujeres que trabajaban en la Europa del siglo XIX y, si lo hacían, no eran tan reconocidas como sus maridos.

Bronislawa enseñaba a Zosia y a Józef en casa. Todos eran muy inteligentes, especialmente María. Ésta aprendió a leer siendo muy pequeña y nunca dejaba de hacer preguntas. A los niños les gustaba jugar con figuras de madera o en el jardín, pero disfrutaban especialmente en verano, cuando iban al campo a visitar a sus familiares y salían de la ciudad.

## Zapatero remendón

Bronislawa Sklodowska remendaba los zapatos de sus hijos cuando escaseaba el dinero. Compraba y cortaba el cuero ella sola y lo cosía a los zapatos. Era una mujer muy práctica y nunca se avergonzó por tener que trabajar. María heredó el mismo espíritu de trabajo de su madre.

## 1870

Guerra entre Francia y Prusia. Prusia sale victoriosa.

## 1871

Bronislawa cae enferma.

# Tiempos difíciles

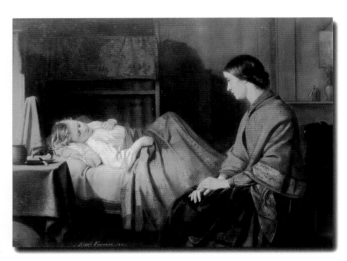

Arriba: El gesto de la madre representada en el cuadro revela la preocupación por su hija enferma. En 1874, Zosia, la hermana de María, enfermó de tifus y murió. La familia Sklodowski quedó desolada.

En 1871, Bronislawa, la madre de María, cayó enferma. No dejaba de toser y los médicos le diagnosticaron tuberculosis, una enfermedad de los pulmones.

Antes de 1882, cuando el científico alemán Robert Koch descubrió el germen de la tuberculosis, la gente aún no comprendía bien cómo se transmitía esta enfermedad. Es posible que Bronislawa se contagiara mientras cuidaba de Przemislaw, su cuñado, que murió de tuberculosis.

En 1872, los médicos le aconsejaron a Bronislawa que se mudara a un lugar donde pudiera respirar aire puro y descansar. Así pues, viajó con su hija mayor, Zosia, a un sanatorio en los Alpes austríacos, y luego a Niza, al sur de Francia. En esa época, Zosia acudía a un colegio francés, donde obtuvo muy buenas notas. Por desgracia, la salud de Bronislawa no mejoró. Mientras tanto, en Polonia, el resto de los niños echaba de menos a su madre y a su hermana mayor. Ludwika, la hermana de Bronislawa y a la que llamaban "tía Lucía", hacía todo lo posible por ayudar en casa.

## 1872
Bronislawa Sklodowska viaja a Austria y Francia.

## 1874
Zosia, la hermana de María, muere de tifus.

Todo empeoró cuando, en 1873, su padre perdió su puesto como director adjunto del instituto, pues los rusos nunca habían confiado plenamente en él. Los Sklodowski se mudaron una vez más y Wladislaw convirtió su nueva casa en un pequeño internado. En el otoño de ese mismo año, Bronislawa y Zosia regresaron a Varsovia.

El internado estaba lleno de niños, y en 1874 hubo un brote de tifus, una terrible enfermedad transmitida por las pulgas y los piojos. Zosia y Bronia cayeron enfermas, y Zosia murió.

Bronislawa, que seguía luchando contra la tuberculosis, quedó devastada. En 1876, fue al sanatorio de Salzbrunn, en Alemania, pero finalmente falleció el 8 de mayo de 1878, después de decirles a sus hijos lo mucho que los quería. María echó siempre en falta el cariño de su madre mientras crecía.

### La tisis

En el siglo XIX, la gente llamaba tisis a la tuberculosis. Se trata de una enfermedad mortal que produce bultos en los tejidos, especialmente en los pulmones. En 1898, Bronia, la hermana de María, abrió un centro de tratamiento para enfermos de tuberculosis en Polonia.

| | |
|---|---|
| **1876**<br>Alexander Graham Bell inventa el teléfono. | **8 de mayo de 1878**<br>La madre de María, Bronislawa, muere de tuberculosis. |

# La Polonia de María

En la Edad Media, Polonia había sido un reino poderoso. Sin embargo, en el siglo XVIII, los países vecinos se hicieron más fuertes y comenzaron a invadir territorio polaco. En 1772, Prusia (un reino alemán) ocupó con el noroeste; Rusia ocupó el noreste; y Austria, el suroeste. En 1793, Prusia y Rusia extendieron aún más su dominio y, hacia 1795, Polonia había desaparecido como tal del mapa. Durante las Guerras Napoleónicas (1805–1815), Napoleón atacó Rusia y Prusia, y creó así el Ducado de Varsovia. Tras la derrota de Napoleón en 1815, la zona volvió a quedar bajo dominio ruso y prusiano. En 1830 se produjo un levantamiento contra los rusos que no tuvo éxito. El abuelo de María, Józef Sklodowski, tomó parte en la rebelión. En 1846, 1863 y 1864, hubo otros levantamientos que fracasaron.

**Abajo: Las fronteras de Polonia han cambiado mucho a lo largo de la historia. Tras 1772, Polonia quedó dividida entre sus vecinos en tres ocasiones. Estuvo bajo dominio extranjero durante más de un siglo.**

Mar Báltico

RUSIA

PRUSIA

Gdansk

Minsk

Berlín

Szczuki

Kepa

Poznan

Varsovia

POLONIA RUSA

POLONIA

Katowice

Skalbmierz

Cracovia

Praga

Montañas Tatra

POLONIA RUSA

RUSIA

PRUSIA

AUSTRIA

AUSTRIA

Viena

Frontera antes del reparto ——
Fronteras modernas ——

**Izquierda: Grupo de rebeldes polacos mal armados en plena vigilancia en la rebelión de 1863. Las tropas rusas fueron muy severas con los prisioneros.**

# DOMINIO RUSO

Cuando María era una niña, Polonia estaba bajo el mandato del emperador ruso, también llamado zar. Los inspectores de las escuelas se aseguraban de que los alumnos polacos conocieran su nombre: Alejandro II (izquierda). En 1881, el zar fue asesinado por los revolucionarios rusos. Todos celebraron en Polonia.

**Arriba:** El zar Alejandro II pasa revista a los soldados rusos. En aquel tiempo, el ejército ruso era muy poderoso y sofocó la revuelta polaca de forma brutal. Los rebeldes nacionalistas polacos huyeron a Francia. Entre ellos, estaba el tío de María, Zdzislaw. Otros fueron capturados y enviados a una parte remota de Rusia llamada Siberia, como su otro tío, Henryk. Algunos polacos desistieron de la idea de llevar a cabo un levantamiento armado, afirmando que podrían volver a tener poder político a base de su trabajo y una buena educación. Este grupo vino a denominarse "positivismo". María compartía las ideas de esta doctrina.

# La mejor de la clase

Los padres de María creían que la educación también se realizaba fuera de las aulas. Los juegos y los paseos por el campo podían ser grandes lecciones sobre la naturaleza, las ciencias, las matemáticas o la historia de Polonia. Los niños aprendieron a hablar varios idiomas, ya que los padres de María hablaban ruso, francés e inglés.

Wladislaw y Bronislawa (cuando aún vivía) eran muy estrictos con los estudios de sus hijos. Pero a María no le hacía falta que le llamaran la atención, porque le encantaba estudiar y leer, y tenía muy buena memoria.

Las primeras lecciones formales de María transcurrieron en la vieja escuela de la calle Freta, donde su madre trabajaba como directora. Al cumplir seis años, ella y su hermana Hela empezaron a ir a un colegio cercano a su casa. Se trataba de una escuela privada dirigida por una mujer amable y muy lista,

llamada Jadwiga Sikorska, donde los alumnos llevaban uniformes azules. Como María era muy estudiosa, decidieron adelantarle un curso e iba a clase con su hermana Hela.

**Izquierda: La educación en Europa durante los años 1870 era muy estricta. Hasta los más pequeños tenían que aprender listas interminables de hechos históricos y poemas de memoria, para luego recitarlos ante la clase.**

## 1878
Oleada de levantamientos en Rusia. Muchos activistas rusos son enviados a Siberia.

## Primavera y verano de 1878
María sufre por la pérdida de su madre.

> *"[María] siempre tenía una opinión propia sobre todo y sabía defenderla."*
>
> **Helena (Hela) Sklodowska, hermana de María**

En la escuela se enseñaban dos programas, uno ruso, en el que se estudiaban la lengua y la historia rusas, y otro no oficial, el polaco. Cuando los inspectores rusos acudían a la escuela, los profesores solían preguntar a María, pues ésta hablaba el idioma a la perfección. Pero, en cuanto se marchaban, los profesores y los alumnos se relajaban y volvían a hablar en polaco.

Jadwiga cuidaba de María y de Hela. Bronislawa había fallecido durante el primer año de escuela de las niñas. María se había vuelto muy callada y se veía que estaba sufriendo mucho. Jadwiga se preocupó tanto al ver esto que, al finalizar el año escolar de 1878, fue a hablar con el padre de María. "Tal vez convendría bajarla de año y que estuviera con niñas de su misma edad", le dijo.

Wladislaw no compartía esa opinión. Pensaba que lo que María necesitaba era un nuevo desafío con el que pudiera distraerse. Así pues, envió a María a una nueva escuela, mientras que Hela permaneció en la de Jadwiga Sikorska.

### Historia de dos ciudades

A Wladislaw Sklodowski le gustaba leerles historias y poemas a sus hijos. Un libro que le gustaba especialmente a María era *Historia de dos ciudades*, del escritor británico Charles Dickens. Esta obra, que se desarrolla entre París y Londres, cuenta la emocionante historia de la Revolución Francesa. El destino quiso que la vida de María se dividiera también entre dos ciudades: Varsovia y París.

**Verano de 1878**
Jadwiga Sikorska se preocupa por el bienestar de María.

**Verano de 1878**
María prosigue su educación en una nueva escuela.

## La hora de la merienda

La mejor amiga de María en el colegio, Kazia, era hija de un bibliotecario que trabajaba para un rico hombre de negocios, el conde Zamoyski. Kazia vivía en un apartamento en su palacio y a María le gustaba visitarla de camino a casa, pues allí les daban limonada o helado de chocolate para merendar.

María entró entonces en el Gymnasium Número Tres, una escuela pública de educación secundaria situada en un antiguo convento del centro de Varsovia.

La escuela seguía las directrices rusas, y muchos de los profesores eran fuertemente antipolacos. No era el tipo de colegio que el padre de María admiraba especialmente, pero, si María conseguía sacar buenas notas allí, obtendría un título, y eso le daría, además, la oportunidad de ir a la universidad.

Sin su hermana Hela, María se sentía sola en su nueva escuela. Pero no tardó en hacerse amiga de otra niña de la clase, Kazia Przyboroska. María parecía estar contenta en aquel colegio. Sin embargo, más adelante criticaría su forma de enseñanza, sobre todo el bajo nivel en ciencias que impartían. Algunos de los profesores pensaban que María tenía demasiada fuerza de voluntad y no les caía muy bien.

Arriba: Certificado de graduación de María. Las notas que recoge confirman su calidad como estudiante.

Otoño de **1878**

María acude al Gymnasium Número Tres en el centro de Varsovia.

**1881**

Cuando el zar ruso Alejandro II es asesinado, María y Kazia bailan de alegría.

**Izquierda: Con tan solo 16 años, María tenía un aspecto muy serio. Peinaba su rizada cabellera hacia atrás para tener un aspecto pulcro.**

De lo que nadie dudaba era de que María era una gran estudiante. Así, el 12 de junio de 1883, a la edad de 15 años, terminó sus estudios de secundaria. La nombraron la mejor de la clase y le dieron una medalla de oro. Sus hermanos también eran muy buenos estudiantes y su padre estaba muy orgulloso de todos ellos.

La mayoría de las mujeres de la edad de María sólo pensaban en la posibilidad del matrimonio, pero María quería seguir estudiando y convertirse en profesora, o incluso ir a la universidad. La Universidad de Varsovia no aceptaba mujeres, pero las de San Petersburgo, en Rusia, y la de París, sí. Pero, ¿de dónde sacaría el dinero para ir?

Llegados a este punto, los años de pena reprimida salieron por fin a la luz. María se había concentrado demasiado en su trabajo y no había llorado las muertes de Zosia y su madre. Cayó en una depresión y prácticamente dejó de comer.

**12 de junio de 1883**
María termina sus estudios de secundaria con medalla de oro.

**Verano de 1883**
María cae en una depresión.

# AÑOS DE JUVENTUD

2

# María adolescente

Wladislaw Sklodowski decidió enviar a su hija al campo para que cambiara de aires y se curara de su depresión. Tiempo después, María recordaría esos años como los más felices de su vida.

La familia de María pertenecía a la *slachta*, clase social polaca que poseía haciendas en el campo. Así que a María no le faltaron lugares para elegir.

Tomó un tren hacia el sur y se dirigió a la ciudad de Zwola. Allí vivían Henryk y Wladislaw, los hermanos de su madre. En sus casas no faltaban los animales, la música, los libros y las risas. María disfrutó mucho su estancia en el lugar, jugando, dibujando y montando a caballo.

En el invierno de 1883–1884, María fue a Skalbmierz, a los pies de los Montes Tatra, y se alojó con su tío Zdzislaw, abogado de profesión. Su esposa, también llamada María, era algo peculiar para la época. Fumaba y nunca hacía las tareas de la casa. Había montado una escuela, donde enseñaba a hacer encajes, y un taller de muebles.

**Arriba:** En el siglo XIX, la danza y la música eran la manera en que los polacos expresaban su identidad nacional. En un momento dado, los rusos llegaron a prohibir las danzas con trajes típicos.

**Página anterior:** María en 1891, tras cumplir su sueño de ir a la universidad.

| Principios del otoño de 1883 | Noviembre de 1883 |
|---|---|
| María visita a sus tíos Henryk y Wladislaw. | María viaja a Skalbmierz y se aloja con su tío Zdzislaw y su tía María. |

**Arriba: A María le encantaba montar en trineo por Skalbmierz. Iba con sus amigos de un baile a otro, acompañada de la música de los violines.**

## ¡A bailar la mazurka!

María había aprendido a bailar y lo hacía bastante bien. En Skalbmierz, solían invitarla a bailes de disfraces, donde los jóvenes vestían los trajes típicos de la región. La mazurka, una danza polaca muy animada, era la preferida de María.

A María le gustaba ir a caminar por las montañas en compañía de sus primos y no tardó en recuperarse y volver a sonreír. Se estaba convirtiendo en una mujer muy atractiva.

Tras regresar a Varsovia en el mes de julio, María y su hermana Hela recibieron la invitación de una antigua alumna de su madre, la Condesa de Fleurie. Ésta tenía una preciosa hacienda en Kepa, al noreste de Varsovia. Allí, los jóvenes se hacían bromas, nadaban, navegaban y comían cerezas en el campo. Fueron unos días muy especiales para María.

### Julio de 1884

Hela y María reciben una invitación para ir a Kepa.

### 1885

El francés Louis Pasteur desarrolla una vacuna contra la rabia.

# María institutriz

María regresó a Varsovia a finales del verano. Su padre había dejado de trabajar en el internado y se había mudado a un pequeño apartamento. Había encontrado otro puesto como profesor, pero no ganaba más que para ayudar a su hijo Józef a pagar sus estudios de medicina. El problema era que tanto Bronia como María también querían seguir estudiando.

Bronia y María solían hablar del futuro. Las dos hermanas mantenían una relación muy estrecha. Querían llegar a ser alguien y ayudar a su Polonia natal. Ambas apoyaban a los positivistas, un grupo de pensadores que creían en el progreso a través de la educación y la ciencia. Bronia y María creían que todos tenían derecho a recibir una educación, no sólo quienes pertenecían a las clases más ricas.

**Izquierda: Los positivistas polacos abogaban por dar educación a los pobres y por la igualdad de derechos para las mujeres. Bronia y María apoyaban este movimiento.**

Otoño de 1885
María y Bronia dan clases particulares.

1885
Karl Benz desarrolla el primer automóvil impulsado con gasolina.

**Izquierda: María (a la izquierda) y Bronia deseaban ir a estudiar a París, pero su padre no ganaba lo suficiente para poder enviarlas a la universidad.**

Los positivistas abogaban por la igualdad entre hombres y mujeres, tanto en el mundo de la educación como en el trabajo. Otro de sus deseos era que la Iglesia católica fuera menos poderosa en Polonia. Ambas, al igual que su padre, estaban más interesadas en la investigación científica que en la religión.

Bronia y María ganaban algo de dinero dando clases particulares. En diciembre de 1885, María consiguió un trabajo como institutriz en la casa de una rica familia de Varsovia. Pero sus nuevos jefes eran tacaños y pretenciosos.

Finalmente, a María se le ocurrió una idea para hacer realidad su sueño y el de su hermana. Aceptaría un trabajo como institutriz en el campo y le enviaría la mitad de su sueldo a Bronia. Así, ésta podría estudiar medicina en París. Por su parte, Bronia se comprometería a pagarle la educación a María, una vez que consiguiera su título de médico.

### La universidad volante

En 1882, se fundó en Varsovia una academia secreta para mujeres. A pesar de los intentos de las autoridades para sabotearla, unas 1 000 mujeres se inscribieron en ella en 1890, incluidas Bronia y María Sklodowska. Se la conocía como la "universidad volante".

**Diciembre de 1885**
María trabaja como institutriz en Varsovia.

**1886**
La secreta academia femenina de Varsovia pasa a llamarse la "universidad volante".

**Arriba: La casa de Szczuki era un lugar agradable, pero los alrededores no eran más que extensos campos de cultivo. Don Zorawski tenía una gran hacienda, y la casa se levantaba junto a una fábrica de remolacha azucarera.**

El día de año nuevo de 1886, María comenzó su nuevo trabajo como institutriz. Su hogar era ahora el de la familia Zorawski, en Szczuki, a unos 100 kilómetros al norte de Varsovia.

Algunos de los niños de la familia Zorawski iban al colegio en Varsovia y vivían en la capital. En la casa también había un niño de seis años y un bebé. María le daba clases a Andzia, una niña de diez años, y a la hija mayor, Bronka. Bronka tenía entonces 18 años, casi la misma edad de María. Las dos se hicieron muy buenas amigas.

Los Zorawskis apreciaban a María, pero nunca la trataron como a una igual. Ésta pasaba sus ratos de ocio leyendo y estudiando ciencias.

### Enseñar a los pobres

María y Bronka Zorawska montaron una escuela en la cocina de la casa Szczuki. Allí enseñaban a 20 niños pobres, cuyos padres trabajaban en la hacienda. Esto era ilegal. Si las autoridades rusas lo hubieran descubierto, las habrían encarcelado o enviado a Siberia.

Como enviaba casi la mitad de su sueldo a Bronia, le quedaba poco dinero para ir de compras.

Pero, cuando el hijo mayor de los Zorawski, Kazimierz, regresó a casa desde Varsovia, donde iba a la universidad, quedó encantado con la joven institutriz. ¡Y ella con él! Se enamoraron y Kazimierz le dijo a sus padres que deseaba casarse con María. Los Zorawski se negaron. ¡Cómo se iba a casar su hijo con alguien de una clase inferior! María era pobre y su familia no tenía tierras.

Kazimierz no sabía qué hacer. Terminó obedeciendo a sus padres y le rompió el corazón a María. Ésta siguió trabajando en la casa porque necesitaba el dinero.

En 1889, María dejó la casa de los Zorawski y consiguió un puesto en casa de los Fuchs, una familia muy adinerada. Pero, en marzo de 1890, le llegó una carta de Bronia que decía: "Te espero en París el año que viene".

Todo había cambiado y la familia volvía a tener dinero. En 1888, su padre había conseguido trabajo como director de un reformatorio en las afueras de Varsovia. Con lo que ganaba, pudo enviarle dinero a Bronia a París, y ésta pudo saldar su deuda con María.

Arriba: Kazimierz Zorawski era un joven muy apuesto. María se desilusionó cuando su familia se opuso a su matrimonio.

**1889**
María abandona Szczuki y se une a la familia Fuchs en la costa del mar Báltico.

**Marzo de 1890**
Bronia invita a María a París.

# Días de estudiante

**La gran oportunidad de María había llegado por fin. Pero, ¿quería realmente ir a París? Y si lo hacía, ¿qué iba a estudiar?**

María parecía inclinarse por la física. Tras su regreso a Varsovia, pasó muchas horas en el laboratorio del Museo de Industria y Agricultura que dirigía su primo Józef Boguski, pues le encantaba hacer experimentos con los imponentes equipos científicos del museo.

A finales de 1891, María se decidió y cogió un tren con destino a París.

Una vez allí, se matriculó en la facultad de física de la Universidad de La Sorbona y lo hizo con el nombre francés de Marie Sklodowska. A partir de entonces, todos la conocerían como Marie.

Al principio se quedó a vivir con su hermana en la Rue d'Allemagne. Bronia se había convertido en una de las tres únicas mujeres en terminar la carrera de medicina (entre mil estudiantes) y se había casado.

**Arriba: Tras mudarse a París en 1891, Marie pasó muchos años en Francia. También viajó a otros países de Europa occidental.**

## 1890–1891

María vuelve a Varsovia.
Hace experimentos en el laboratorio de su primo.

## Noviembre de 1891

María viaja a París. Se hace llamar Marie.

Izquierda: Cuando María llegó a París, ésta era la ciudad más de moda y artística del mundo. También era la ciudad de las ciencias y la tecnología.

El marido de Bronia era médico y se llamaba Kazimierz Dluski. Había abandonado Polonia hacía años por motivos políticos. Era socialista y creía que un cambio económico radical era la única manera de crear una sociedad justa. No estaba de acuerdo con las reformas idealistas que defendían los positivistas.

A Marie le costó concentrarse en sus estudios, pues la casa de su hermana servía de centro de reunión para muchos de sus amigos polacos. Ella, en cambio, que necesitaba perfeccionar su francés, tenía poco tiempo para fiestas y conversaciones. Por eso, decidió alquilarse un apartamento en el Barrio Latino de París, donde vivían todos los estudiantes. Marie cambió de casa en varias ocasiones, y solía pasar los veranos en Polonia con su familia.

## París a finales del siglo XIX

A finales del siglo XIX, París estaba lleno de artistas, poetas y estudiantes. La capital de Francia rebosaba vitalidad, con sus bares, cabarets y fiestas. El baile más popular de la época era el can-can.

## 1891

Marie vive con Bronia y Kazimierz Dluski.

## 1892

Marie se muda a un pequeño apartamento en el número 3 de la Rue Flatters.

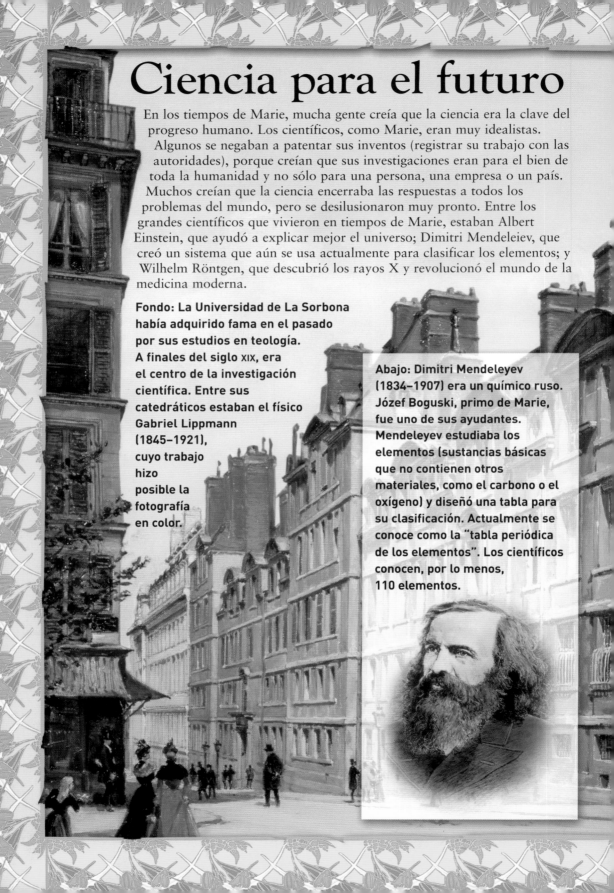

# Ciencia para el futuro

En los tiempos de Marie, mucha gente creía que la ciencia era la clave del progreso humano. Los científicos, como Marie, eran muy idealistas. Algunos se negaban a patentar sus inventos (registrar su trabajo con las autoridades), porque creían que sus investigaciones eran para el bien de toda la humanidad y no sólo para una persona, una empresa o un país. Muchos creían que la ciencia encerraba las respuestas a todos los problemas del mundo, pero se desilusionaron muy pronto. Entre los grandes científicos que vivieron en tiempos de Marie, estaban Albert Einstein, que ayudó a explicar mejor el universo; Dimitri Mendeleiev, que creó un sistema que aún se usa actualmente para clasificar los elementos; y Wilhelm Röntgen, que descubrió los rayos X y revolucionó el mundo de la medicina moderna.

**Fondo:** La Universidad de La Sorbona había adquirido fama en el pasado por sus estudios en teología. A finales del siglo XIX, era el centro de la investigación científica. Entre sus catedráticos estaban el físico Gabriel Lippmann (1845–1921), cuyo trabajo hizo posible la fotografía en color.

**Abajo:** Dimitri Mendeleyev (1834–1907) era un químico ruso. Józef Boguski, primo de Marie, fue uno de sus ayudantes. Mendeleyev estudiaba los elementos (sustancias básicas que no contienen otros materiales, como el carbono o el oxígeno) y diseñó una tabla para su clasificación. Actualmente se conoce como la "tabla periódica de los elementos". Los científicos conocen, por lo menos, 110 elementos.

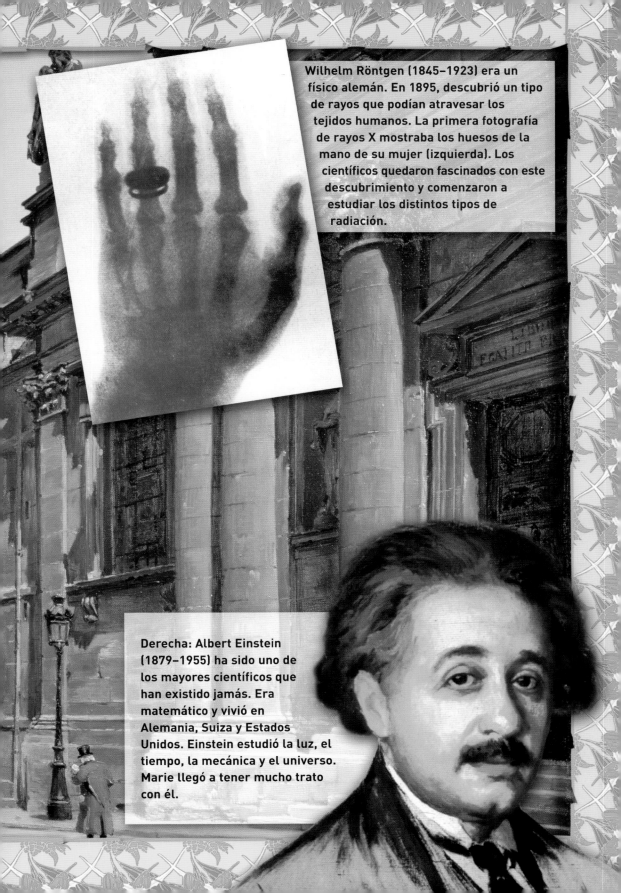

Wilhelm Röntgen (1845–1923) era un físico alemán. En 1895, descubrió un tipo de rayos que podían atravesar los tejidos humanos. La primera fotografía de rayos X mostraba los huesos de la mano de su mujer (izquierda). Los científicos quedaron fascinados con este descubrimiento y comenzaron a estudiar los distintos tipos de radiación.

Derecha: Albert Einstein (1879–1955) ha sido uno de los mayores científicos que han existido jamás. Era matemático y vivió en Alemania, Suiza y Estados Unidos. Einstein estudió la luz, el tiempo, la mecánica y el universo. Marie llegó a tener mucho trato con él.

# Trabajo duro

**Arriba: Un compañero de Marie le hizo este retrato en sus primeros años de universidad.**

En la Sorbona, había unos 2 000 estudiantes de ciencias, pero sólo 23 eran mujeres. Marie Sklodowska fue la primera joven en estudiar física en esta prestigiosa universidad.

Todo el mundo trataba bien a Marie, pero muy pocos de sus compañeros de clase o sus profesores la tomaban en serio. Creían que una mujer no podría llegar a ser tan inteligente ni trabajadora como un hombre. Pero Marie les demostró lo contrario. Trabajaba horas y horas y, a veces, hasta se olvidaba de comer. No le sobraba el dinero, y en muy pocas ocasiones salía a divertirse o dejaba de lado sus estudios.

Marie hizo sus exámenes finales en julio de 1893. Según se acercaba la fecha, más nerviosa se ponía. Pero no tenía por qué preocuparse. No sólo lo aprobó todo, sino que lo hizo con nota, superando a todos sus compañeros.

Cuando Marie regresó a Polonia para las vacaciones de verano, su familia se mostró muy orgullosa de ella. También le expresaron su admiración muchas de las defensoras de la educación de las mujeres. Una de ellas, Jadwiga Dydynska, solicitó una beca para Marie. Se la concedieron y, a partir de entonces Marie recibía 600 rublos, lo suficiente para vivir durante 15 meses. Gracias a esta ayuda, pudo lograr una segunda licenciatura, esta vez en

**1893**
Nueva Zelanda se convierte en el primer país en dar el voto a las mujeres.

**Julio de 1893**
Marie se licencia en física por la Sorbona.

Arriba: *Mujer en el campo*, del francés Camille Pissarro (1830–1903). Algunos domingos, Marie iba al campo a respirar aire fresco. Ir al campo para relajarse sería una de sus actividades preferidas a lo largo de toda su vida.

### Primavera en París

Marie no pensaba más que en sus estudios. Pero, cuando llegaba la primavera y, con ella, el calor del sol, se ponía contenta. A veces, hacía excursiones fuera de París. En 1893, le habló a su padre en una carta de los brotes de las plantas, las lilas y los manzanos en flor. El clima en Francia era más suave que el de su Polonia natal.

matemáticas. Terminó sus estudios en el verano de 1894, siendo segunda de la clase.

Marie pensó en regresar a Polonia, pero le ofrecieron un trabajo y, además, acababa de conocer a un hombre muy interesante.

**Verano de 1893**
Marie recibe la beca Alexandrovitch de 600 rublos.

**Verano de 1894**
Marie obtiene su segunda licenciatura: matemáticas.

# UNIÓN
# DE GENIOS

3

# Marie y Pierre

**Marie tenía mucho que hacer. Gabriel Lippmann, uno de sus profesores de la Sorbona, le había encargado estudiar el magnetismo del acero. La Sociedad Francesa para el Fomento de la Industria le ofrecía 600 francos por ello, que cubrirían la comida y el alquiler de su pequeño apartamento durante un año.**

Sólo había un problema. El laboratorio de Lippmann estaba repleto y Marie necesitaba espacio para trabajar. Un día, Marie se encontró en París con una pareja que había conocido en Polonia. Él era el profesor Józef Kowalski. Éste le sugirió que se pusiera en contacto con un amigo suyo que, tal vez, podría ayudarla. El nombre de su amigo era Pierre Curie.

Pierre tenía 35 años y trabajaba en París para la Escuela de Física y Química Industrial. Tras hablar con Marie, le ofreció un pequeño espacio donde desarrollar su trabajo.

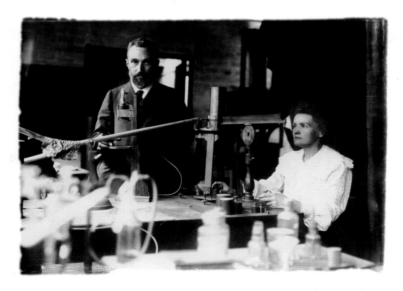

**Página anterior: Pierre y Marie Curie con su hija mayor, Irène, en 1899.**

**Izquierda: Marie y Pierre en el laboratorio. El amor por la ciencia los unió. Compartían el mismo interés por la física y formaban un gran equipo. El primer regalo de Pierre a Marie fue un libro de ciencia que él mismo había escrito.**

## 1894
Marie recibe una beca para estudiar el magnetismo del acero.

## 1894
Marie conoce a Pierre Curie.

Pierre era un científico brillante. Había inventado instrumentos de gran utilidad y era un experto en magnetismo. Junto a su hermano Jacques había estudiado los cristales de cuarzo y la electricidad. Más tarde, sus descubrimientos llevarían a otros a desarrollar objetos como los relojes de cuarzo y los micrófonos.

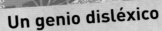

## Un genio disléxico

Pierre Curie era un hombre muy inteligente, pero, cuando tomaba notas, solía colocar las letras en el orden incorrecto. Confundía las reglas de gramática y no ponía ni puntos ni mayúsculas. Es lo que actualmente se denomina "dislexia".

Tras su romance fallido con Kazimierz Zorawski, Marie no pensaba volver a enamorarse. Quince años antes, el único amor de Pierre había fallecido. Marie y Pierre habían llegado a la conclusión de que el amor no servía más que para romperle a uno el corazón y que era una tontería. Pero, a pesar de ello, acabaron enamorándose. Estaban hechos el uno para el otro. Ambos eran inteligentes y su mayor interés era la ciencia.

Pierre y Marie se conocieron en la primavera de 1894. Cuando Marie se fue a Polonia a pasar el verano ese año, seguía teniendo dudas de sus sentimientos hacia Pierre, aunque éste no dejó de escribirle cartas de amor. Un año después, Marie anunció a su familia desde París que se casaría con Pierre.

**Izquierda: Los hermanos Curie, Jacques y Pierre (derecha) de pie junto a sus padres, el doctor Eugène Curie y su mujer, Sophie-Claire Depouilly. La historia de los Curie era muy similar a la de Marie en Polonia.**

## 1895

Wilhelm Röntgen descubre los rayos X.

## Primavera de 1895

Pierre Curie da una conferencia sobre el magnetismo en la Sorbona y recibe el título de doctor.

El 26 de julio de 1895, Marie y Pierre viajaron en tren hasta Sceaux, en las afueras de París, donde vivía la familia de Pierre. Allí se casaron en una sencilla ceremonia en el ayuntamiento. Marie vistió un traje azul marino y una blusa celeste. Fue un día muy feliz. El padre de Marie y su hermana Hela viajaron desde Varsovia para estar con ella. Bronia y Kazimierz Dluski también estuvieron presentes. Había rosas en el jardín y botellas de champán y, después de comer, jugaron a los bolos.

Pierre y Marie recibieron dos bicicletas como regalo. Con ellas se fueron de luna de miel. Tomaron un tren hasta la Bretaña, en el noroeste de Francia, y recorrieron la costa en ellas.

Ya de vuelta en París, Marie y Pierre alquilaron un apartamento en la Rue de la Glacière. Marie se encargaba de la casa y llevaba las cuentas. Como no era de extrañar, siguió estudiando e impartiendo clases. Además, continuó con su investigación sobre el acero. Pierre, que ya era doctor en ciencias, seguía investigando los cristales y daba clases sobre electricidad.

En 1897, Marie se quedó embarazada. Como no se sentía bien, decidió tomarse unas vacaciones en la región de Bretaña. El 12 de septiembre regresó a París y su suegro, que era médico, la ayudó a dar a luz. La niña que nació recibió el nombre de Irène.

Marie observaba cómo su hija crecía como si fuera uno de sus experimentos.

### Imágenes en movimiento

Los pioneros del cine fueron dos hermanos franceses llamados Auguste y Louis Lumière. La primera película de la historia se mostró el 28 de diciembre de 1895, en el Grand Café situado en el Boulevard des Capucines de París. Al año siguiente, Pierre y Marie Curie vieron una película por primera vez.

## 26 de julio de 1895

Marie se casa con Pierre Curie en Sceaux, en las afueras de París.

## 1895

Louis y Auguste Lumière inventan la cámara de imágenes en movimiento.

Trabajar y cuidar del bebé al mismo tiempo era mucho trabajo para Marie. Al morir la madre de Pierre dos semanas después del nacimiento, su padre se ofreció a ayudarla. Los cuatro se mudaron al Boulevard Kellermann.

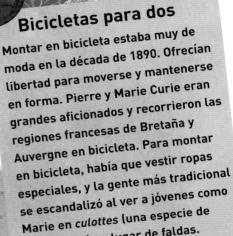

## Bicicletas para dos

Montar en bicicleta estaba muy de moda en la década de 1890. Ofrecían libertad para moverse y mantenerse en forma. Pierre y Marie Curie eran grandes aficionados y recorrieron las regiones francesas de Bretaña y Auvergne en bicicleta. Para montar en bicicleta, había que vestir ropas especiales, y la gente más tradicional se escandalizó al ver a jóvenes como Marie en *culottes* (una especie de pantalones) en lugar de faldas.

Izquierda: Pierre y Marie se preparan para salir de luna de miel en julio de 1895. En esta foto, posan orgullosos junto a las bicicletas que un primo de ella les había regalado por su boda. Con ellas recorrieron la hermosa costa de la Bretaña francesa.

**12 de septiembre de 1897**

Marie da a luz a una niña llamada Irène.

**27 de septiembre de 1897**

Fallece la madre de Pierre. Su padre se va a vivir con Pierre y Marie.

# En el laboratorio

En 1896 se hizo público el descubrimiento de Wilhelm Röntgen. Los científicos de todo el mundo quedaron fascinados al saber que los rayos X eran como los rayos de luz, sólo que con una longitud de onda más corta (página 61). Así empezaron a estudiar otro tipo de rayos o la radiación.

El físico francés Henri Becquerel estaba interesado en los rayos que emitía un elemento llamado uranio. Marie estaba buscando una nueva área de investigación para obtener el doctorado en la Sorbona, así que decidió seguir el trabajo de Becquerel.

Becquerel sugirió que los rayos de uranio creaban corrientes eléctricas. El científico escocés lord Kelvin lo confirmó más tarde. Marie decidió investigar y estudiar estas corrientes eléctricas. Eran muy leves, pero Pierre perfeccionó el equipo necesario para medirlas.

Marie comenzó a estudiar también otros materiales que emitían rayos, como el torio y otros compuestos que contenían uranio. Uno de ellos era la pechblenda.

**Derecha: Era difícil trabajar con Henri Becquerel, pero sus descubrimientos sobre la radiación contribuyeron a la labor de los Curie. En esta foto, viste el uniforme de la Academia francesa de las ciencias.**

## Febrero de 1898

Marie comienza a medir la radiactividad de la pechblenda, o uranita.

## Marzo de 1898

Pierre abandona su investigación con cristales y comienza a trabajar con Marie.

## ¡Radiactividad!

En julio de 1898, Marie dio con una nueva palabra para describir el tipo de radiación que estaba midiendo. No era como otros tipos de radiación y su origen aún se desconocía. La llamó "radiactividad", término usado hasta ahora

Este elemento abundaba en la frontera entre Alemania y la República Checa.

Las muestras de pechblenda que Marie analizaba emitían una radiación muy fuerte. ¡Qué extraño! Su contenido en uranio ya se había extraído para su uso en la fabricación de cristal y objetos de artesanía. Marie llegó entonces a la conclusión de que este compuesto debía contener un elemento desconocido que originaba los rayos.

Los Curie utilizaron entonces un espectroscopio. De esta forma, calentaban las sustancias y los rayos de luz que emitían se hacían pasar por un prisma de cristal, que descomponía la luz en distintos colores. Aun así, los Curie seguían sin dar con el elemento misterioso. Marie envió dos informes, en marzo y abril de 1898, a la Academia Francesa de la Ciencia. El 18 de julio, en un tercer informe, Marie identificó un elemento nuevo: el "polonio", llamado así en honor a Polonia. A finales de año, Marie había identificado otro elemento. Lo llamó "radio", del latín *radium*, que significa "rayo".

*"Toda mi inteligencia se centraba en mis investigaciones. Repartía mi tiempo entre cursos, experimentos y estudios en la biblioteca. Por las noches trabajaba en mi habitación, a veces hasta bien entrada la noche. Todo lo que veía y aprendía me conmovía."*

**Notas autobiográficas, Marie Curie**

## Julio de 1898

Se identifica un nuevo elemento, el polonio, llamado así como tributo a Polonia.

## Diciembre de 1898

Se identifica otro nuevo elemento, el radio.

**Arriba: Fotografía de 1898 que muestra a Marie y a Pierre en su laboratorio, donde descubrieron el polonio y el radio.**

Aunque Marie y Pierre habían identificado dos "nuevos" elementos, aún tenían que aislarlos. El radio era muy radiactivo y fue el más fácil de separar. Pero aún les quedaba mucho trabajo.

El espacio que Pierre había dispuesto para Marie ya resultaba pequeño. Así pues, para poder seguir adelante con su investigación, le asignaron una vieja casona de cristal que había en la facultad de Pierre. Allí dentro hacía mucho frío en invierno y mucho calor en verano. Marie necesitaba también grandes cantidades de pechblenda. Desde Austria, le enviaron diez toneladas del elemento, con el uranio ya aislado. Luego, en el laboratorio, ellos se encargaban de tratarlo con agentes químicos para descomponerlo y obtener las sustancias más radiactivas. De esta forma, esperaban poder dar finalmente con el radio. Marie decidió hervir la pechblenda en un caldero, dándole vueltas con una vara de metal. A pesar de sus esfuerzos, seguían sin dar con la respuesta. ¿Por qué unos elementos eran radiactivos y otros no? Embebidos en su trabajo, a veces la pequeña Irène pasaba más tiempo con su abuelo que con sus padres.

## Mayo de 1902

Wladislaw Sklodowski muere en Polonia a los 70 años de edad.

## Julio de 1902

Marie consigue aislar el radio como un compuesto conocido en forma de sal.

Como necesitaban más dinero, Marie aceptó el cargo de directora del área de física en la École Normale Supérieure de Sèvres, a las afueras de París, institución de renombre para la formación de profesoras. A Pierre le ofrecieron un puesto de profesor en Ginebra, Suiza, pero no lo aceptó. Los Curie se tomaron unas vacaciones y fueron a Bretaña y Polonia. Por desgracia, el padre de Marie, Wladislaw, murió en mayo de 1902.

## ¡Brillante!

Los materiales que tienen gran contenido en radio brillan en la oscuridad. Marie y Pierre quedaron fascinados al descubrirlo. Pero lo que no conocían aún eran sus cualidades mortíferas y no le daban importancia si se "quemaban" al manipularlos. De hecho, el taller donde trabajaban ya estaba contaminado.

Muchos admiraban el trabajo de los Curie, pero no todos los científicos franceses los apoyaban, porque Marie era mujer y Pierre no tenía interés en encajar en el mundo científico. Pierre hizo la solicitud para ser miembro de la Academia de la Ciencia en 1902, pero lo rechazaron. En julio, Marie aisló una pequeña cantidad de radio en forma de sal. Esto despertó un gran interés, pues el calor que desprendía el radio podría llegar a utilizarse como fuente de energía. El destino había reservado a los Curie un puesto en la historia.

**Derecha: La pechblenda es un mineral radiactivo de color negro. Contiene un compuesto llamado óxido de uranio, además de plomo, cerio, talio, polonio y radio.**

## Junio de 1903
Marie recibe el título de doctora de la Sorbona.

## Noviembre de 1903
Marie, Pierre y Henri Becquerel logran el Premio Nobel de física.

# Radiactividad y átomos

**Abajo: En 1899, Ernest Rutherford estableció que el radio emitía dos tipos de radiación. Las llamó partículas alfa y beta, como las dos primeras letras del alfabeto griego. En 1900, se identificó un tercer tipo, la radiación gamma, llamada así por la tercera letra griega.**

La radiactividad era un rompecabezas. ¿De dónde salían los rayos? Una de las leyes de la física dice que la energía, como la radiación, no puede salir de la nada. Sin embargo, los elementos que Marie Curie analizaba no parecían estar sometidos a ningún tipo de cambio, así que, ¿cómo era posible que crearan energía? ¿Estarían equivocadas las leyes de la física? ¿O es que, tal vez, los átomos de los elementos se estaban viendo afectados por algo, como, por ejemplo, alguna clase de rayo invisible? El científico neozelandés Ernest Rutherford (1871–1937) creía que la clave de este rompecabezas había que buscarla en la *estructura* del átomo. Al principio, los Curie no estaban de acuerdo, pero al final admitieron sus argumentos. Los elementos como el radio o el polonio no permanecen intactos, sino que se van descomponiendo lentamente. En ese proceso de cambio está el origen de los rayos.

## PARTÍCULAS ATÓMICAS

La imagen muestra la estructura de un átomo. Durante la mayor parte del siglo XIX, los científicos creyeron que los átomos eran las partículas más pequeñas que existían. Pero, en 1897, el físico inglés J. J. Thomson descubrió que había otras más pequeñas: los electrones. En 1911, Ernest Rutherford sugirió que éstos se movían alrededor de un núcleo central. Más tarde, se descubrieron los protones y los neutrones.

Albert Einstein descubrió que hasta las más pequeñas cantidades de materia liberan energía. La fuerza que surge de la división del pequeño núcleo de un átomo puede crear una bomba terrible. Esta potencia también puede utilizarse para generar electricidad. La reacción provocada por los cambios en el núcleo atómico tiene lugar, actualmente, dentro de reactores nucleares (abajo).

Arriba: Los equipos de rescate comprueban los niveles de radiactividad tras el terrible accidente de Chernobyl, Ucrania, en 1986. Actualmente, siguen apareciendo casos de las terribles consecuencias que la radiación puede tener en el ser humano, como, por ejemplo, el cáncer.

# Triunfo y tragedia

En junio de 1903, Marie Curie presentó su trabajo de investigación sobre la radiactividad ante los profesores de la Sorbona. Le concedieron el título de doctora en física y se convirtió, así, en la primera mujer en Francia en recibir ese honor.

**Arriba: Marie (segunda fila, tercera por la izquierda) posa con sus alumnas en Sèvres.**

La hermana de Marie, Bronia, que vivía entonces en Polonia con su marido, regresó a París para festejar la ocasión. Esa noche el físico Paul Langevin los invitó a cenar y, durante la velada, conocieron a otro científico que trabajaba en el mismo campo que Pierre y Marie: Ernest Rutherford.

En noviembre, Marie Curie recibió un honor aún mayor: Premio Nobel de Física. Compartió el galardón con su marido y Henri Becquerel. Seguía siendo un mundo de hombres, y Marie casi queda excluida del premio. Todos daban por hecho que había sido su marido quien había realizado la mayor parte del trabajo. Pierre, en cambio, siempre insistía en que Marie tuviera el reconocimiento que se merecía. Lo cierto era que ambos merecían tal honor por igual.

Los Curie querían seguir llevando una vida sencilla, pero la fama había llamado a sus puertas y no llevaban bien todo lo que eso acarreaba.

## Diciembre de 1903
Los hermanos Wright hacen el primer vuelo en aeroplano en Kitty Hawk, Carolina del Norte.

## 6 de diciembre de 1904
Nace la segunda hija de Marie y Pierre, Ève Denise Curie.

### El Premio Nobel

Alfred Nobel (1833–1896) fue un químico sueco que inventó la dinamita y otros explosivos. Decidió utilizar toda su fortuna para crear un premio tras su muerte. Con este premio reconocería la labor realizada por todos aquellos que hubieran realizado avances en las ciencias o la medicina, escrito una gran obra o luchado por la paz. La primera edición tuvo lugar en 1901.

Ambos tenían buenos trabajos en la universidad. Pierre Curie había sido nombrado profesor en la Sorbona y Marie directora de investigaciones. Habían firmado también un acuerdo con el director de una fábrica, llamado Armet de Lisle, para producir sales de radio.

La ceremonia de los Nobel se retrasó porque Marie estaba embarazada y no se sentía muy bien. El 6 de diciembre de 1904, Marie dio a luz a su segunda hija, Ève Denise Curie. En junio de 1905, Marie y Pierre viajaron finalmente a Suecia para recibir el premio.

La primavera del año siguiente, la familia sufrió una gran pérdida. Pierre iba caminando por las calles de París embebido en sus pensamientos. Posiblemente ya estaba enfermo por efecto de la radiación. Al cruzar el Pont Neuf, lo atropelló un carro tirado por caballos y murió.

**Izquierda: Fotografía tomada en 1905, que muestra a Ève, en brazos de Marie, e Irène, que mira solemnemente a la cámara.**

**1905**

El físico Albert Einstein publica su teoría de la relatividad.

**18 de abril de 1906**

Pierre Curie muere en un accidente en París.

# LA LUCHA FINAL

4

# Desesperación

Marie quedó desolada con la muerte de Pierre. No tenía más que 39 años cuando enviudó y a su corazón volvió entonces la tristeza que sintió al perder a su madre y a su hermana siendo una niña. Por desgracia, en esta situación era poco el consuelo que podía ofrecerle a sus hijas.

Página anterior: Marie Curie en 1930, con 63 años.

Marie incluso empezó a interesarse por el espiritismo. Los espiritistas creían que una persona viva podía entrar en contacto con alguien ya muerto. Esta idea no tenía ninguna base cientfica, pero Marie echaba de menos a Pierre. No obstante, y como ya había hecho en otras ocasiones, intentó superarlo concentrándose en su trabajo. Le concedieron el puesto que había ocupado Pierre hasta entonces en la Sorbona y siguió trabajando en el laboratorio. Otros muchos habían empezado a interesarse en el radio y Marie estableció un sistema especial de certificación. A veces, era un poco quisquillosa, y algunos científicos la acusaban de querer controlar las investigaciones.

Izquierda: Paul Langevin (1872–1946, derecha) era un gran científico que trabajó junto a Pierre Curie y J. J. Thomson. Años más tarde, el nieto de Paul, Michel, se casó con la nieta de Marie, Helène.

**1910**
Marie Curie aisla el radio en forma de metal.

**1910**
Marie inicia una relación con Paul Langevin.

Izquierda: La Conferencia de Solvay, celebrada en Bruselas en 1911, reunió a los mejores físicos del mundo, incluidos Albert Einstein, Ernest Rutherford y Paul Langevin. Marie Curie, la única mujer, aparece en primer plano, hablando con el matemático y físico Henri Poincaré.

En 1910, Marie consiguió aislar el radio en forma de metal.

Las hijas de Marie iban al colegio con los hijos de otros profesores de la Sorbona. Los padres se hacían turnos y enseñaban a los niños en sus casas. Irène tenía cualidades para las matemáticas y las ciencias, y Ève para la música.

En 1910, Marie sostuvo una relación amorosa con un amigo suyo que estaba casado, Paul Langevin. Fue todo un escándalo. Cuando los hombres científicos se comportaban así, nadie les decía nada, pero a Marie le arrojaron piedras contra su casa. Esto la afectó mucho, y la relación terminó.

En 1911, la Academia Francesa de Ciencia no aceptó el ingreso de Marie por ser mujer. Ese año Marie ganó su segundo Premio Nobel, esta vez por sus estudios en química. Sólo hay dos personas que han conseguido tal hazaña: ella y Linus Pauling (1901–1994). Pero, cuando el comité de los Nobel se enteró de su aventura, le pidieron que no fuera a recoger el premio. Marie se puso furiosa. Dijo que su vida privada nada tenía que ver con su trabajo y fue igualmente.

## Unidad de medida

No existía una unidad de medida para la radiactividad. En 1910, el Congreso Internacional de Radiología y Electricidad se reunió en Bruselas, Bélgica, para tratar este tema. La nueva unidad se denominó una "curie".

### Octubre de 1911

Los físicos más importantes del mundo se reúnen en la Conferencia de Solvay, celebrada en Bruselas.

### Noviembre de 1911

Marie Curie gana su segundo Premio Nobel, esta vez en química.

# ¿Cura o mata?

Poco antes de su muerte en 1902, Wladislaw Sklodowski escribió a su hija: "Es una pena que el radio no haya tenido ningún uso práctico". Sin embargo, en sólo unos años, la gente decía que el radio tenía poderes milagrosos y que podía curar todo tipo de enfermedades, desde la artritis (un endurecimiento de las articulaciones) hasta problemas mentales. Todas estas virtudes resultaron ser falsas y peligrosas. La radiactividad daña el organismo y puede provocar cáncer. Algunas de las personas que utilizaron curas a base de radio murieron de forma horrible. Según se hacía mayor, Marie Curie solía quejarse de que estaba muy cansada. Lo cierto es que estaba enfermando a causa de la radiación.

Marie Curie esperaba que la radiación pudiera curar el cáncer. Comenzó a investigar los tratamientos a base de radio, lo que actualmente se conoce como radioterapia. Si se aplica de forma moderada, la radiación puede destruir un cáncer. A partir de los años 1930, empezaron a utilizarse los tratamientos médicos a base de radio y otros materiales radiactivos, así como los rayos X, para combatir el cáncer. Actualmente, la radiación más comúnmente empleada es la de los rayos gamma del cobalto.

**Arriba:** Este anuncio afirma que el radio puede quitar las canas y devolver al cabello su color natural.

**Derecha:** La fascinación por el radio llegó incluso al mundo de la moda. En esta fotografía de 1922, la actriz Gloria Swanson posa con una peluca hecha de "hilos de seda de color gris radio".

Izquierda: En los años 1920 y 1930, la publicidad afirmaba que las cremas con radio eran buenas. Pero esto no era cierto en absoluto. Los tónicos, la pasta de dientes y los champús tenían una pequeña cantidad de radio entre sus componentes. La crema facial de este anuncio prometía un "resplandor saludable". Al igual que otros productos, y sin el permiso de Marie, se servía del apellido "Curie" para aumentar las ventas.

CRÈME SCIENTIFIQUE

CURATIVE EMBELLISSANTE

**THO-RADIA**

à base de thorium et de radium selon la formule du

DOCTEUR ALFRED CURIE

EN VENTE EXCLUSIVEMENT CHEZ LES PHARMACIENS

Derecha: Este anuncio del año 1924 vende un producto hecho a base de radio que puede utilizarse para rizar el pelo de forma duradera.

Our New Radium $5.00 Permanent Wave Beauty

COPYRIGHT 1924

Izquierda: Un paciente con cáncer recibe un tratamiento de radiación en un hospital de Nueva York alrededor de 1955. La radioterapia se sigue usando actualmente para tratar el cáncer.

# Guerra y paz

**Entre 1912 y 1913, las hijas de Marie permanecieron al cuidado de una institutriz polaca en el nuevo apartamento de la familia en París. Marie no se sentía capaz de cuidarlas, pues había tenido una crisis nerviosa, desencadenada por el escándalo de su aventura amorosa.**

Marie decidió marcharse un tiempo a la costa del sur de Inglaterra. Allí, Hertha Ayrton, famosa científica y abogada por los derechos de la mujer, la ayudó a recuperarse. Marie regresó después a París, donde habían comenzado las obras de un nuevo Instituto del Radio.

En el mes de septiembre de 1914, al comienzo de la Primera Guerra Mundial, las tropas alemanas invadieron Bélgica y el noreste de Francia. El gobierno francés abandonó París y se desplazó al suroeste, a la ciudad de Burdeos. Marie viajó hasta allí en tren con una valiosa carga de radio para evitar que este material cayera en manos enemigas.

**Derecha:** En la Primera Guerra Mundial, millones de jóvenes perdieron la vida o fueron heridos en los campos de batalla.

## 1912
Marie sufre una crisis nerviosa.

## 1914
Comienzan las obras del Instituto del Radio de París.

**Arriba: Al comienzo de la guerra, Marie aprendió a conducir. Transformó un caminón Renault en una unidad móvil de rayos X.**

El radio era una fuente de investigación muy valiosa que Marie esperaba poder utilizar con fines médicos.

Junto a su hija Irène, ya adolescente, trabajaron para evitar que se perdieran tantas vidas en la guerra. Así, equipararon varios camiones con dispositivos de rayos X. Marie solía pelearse con los generales para poder llevarlos hasta los hospitales del frente. Gracias a los rayos X, se podían localizar mejor las lesiones y los médicos podían operar con mayor precisión. Irène trabajó en los hospitales de Bélgica y Francia, y mientras Ève permanecía al cuidado de su institutriz.

Los Estados Unidos entraron en el conflicto en 1917. Antes de que sus tropas abandonaran Europa al terminar la guerra, en 1918, Marie instruyó a muchos de sus médicos en el uso de los rayos X.

En 1919, el mapa de Europa cambió. Polonia volvía a ser libre y esto llenó de gozo a Marie y a su familia. Polonia volvería a tener problemas en el futuro, pero, por el momento, era una nación independiente.

### Los pequeños Curie

Los camiones de rayos X enviados a los campos de batalla durante la Primera Guerra Mundial se conocían como los "pequeños Curie" (en francés, *petites Curie*). Quienes los operaban sacaron más de un millón de radiografías y salvaron muchas vidas.

**1914–1918**
Primera Guerra Mundial.
Marie equipa varios camiones con dispositivos de rayos X.

**1919**
Polonia vuelve a ser una nación libre.

Izquierda: Marie Curie se reúne con la prensa en la ciudad de Nueva York. Los periodistas describieron a Marie como una persona tímida y retraída.

En los años posteriores a la guerra, Marie Curie recibió todo tipo de honores. La Universidad de Varsovia la nombró profesora honoraria y se convirtió en directora del nuevo Instituto del Radio de París. En el pasado, Marie y Pierre habían trabajado en pequeños laboratorios y cuartos traseros, pero ahora Marie podía desarrollar su trabajo en modernos laboratorios y dirigir grupos de investigadores interesados en su labor.

En 1920, Marie conoció a una periodista estadounidense llamada Marie "Missy" Meloney. Marie Curie necesitaba más radio para continuar con sus investigaciones. En 1921, Missy organizó un recorrido por Estados Unidos para recaudar fondos y poder comprar así el preciado material.

> *"Madame Curie no es sólo una gran física, sino también es la mejor directora de laboratorio que he conocido jamás."*
> **Profesor Jean Baptiste Perrin (1870–1942),**
> **citado en la biografía escrita por Ève Curie sobre su madre**

**1921**
Marie Curie recorre los Estados Unidos.

**1925**
John Logie Baird transmite la primera imagen por televisión.

Marie Curie viajó en barco hasta Nueva York, con Irène y Ève. Siempre fue algo tímida y no le gustaba la publicidad, pero consiguió recaudar mucho dinero. Visitó varias universidades y hasta se entrevistó con el presidente de Estados Unidos, Warren Harding.

Muchos dijeron que el radio era una cura "milagrosa" para el cáncer. Marie nunca había afirmado tal cosa, pero sí creía que podría utilizarse en los tratamientos contra dicha enfermedad. Así, encaminó sus estudios hacia la radioterapia. Entretanto, su hija Irène estudiaba ciencias y trabajaba en el Instituto del Radio. En 1926, se casó con Frédéric Joliot.

En 1933, Marie cayó enferma. Sus huesos habían estado expuestos a la radiación mucho tiempo. Siguió en activo hasta 1934, pero el trabajo al que había dedicado toda su vida tenía consecuencias. Los médicos le aconsejaron que se trasladara a un sanatorio en los Alpes franceses para respirar aire puro. Febril y débil, Marie hizo su último viaje. El 4 de julio de 1934, a los 66 años de edad, murió en el sanatorio de Sancellemoz.

Dos días más tarde, fue enterrada en Sceaux, junto a su querido Pierre y su familia. Su hermana Bronia y su hermano Józef echaron un puñado de tierra polaca sobre su tumba.

**Abajo: Marie Curie encontró finalmente la paz en los Alpes franceses, donde murió.**

## 1926
Irène Curie se casa con Frédéric Joliot.

## 4 de julio de 1934
Marie Curie muere en el sanatorio de Sancellemoz, en los Alpes franceses.

# El sueño de Marie

**Marie Sklodowska Curie pasó grandes dificultades y tristezas en su vida. Pero aun así, nunca abandonó sus sueños. Siempre la impulsó su fe en la ciencia y en el progreso, en el trabajo, la educación y en ayudar al prójimo.**

Como científica, Marie Curie fue un genio en la medición y creación de métodos de experimentación. Sus investigaciones sobre la radiación, junto a su marido, Pierre, ayudaron a otros a descubrir la estructura del átomo, uno de los grandes misterios del universo. La radiación en sí misma resultó ser extremadamente peligrosa, pero también demostró ser útil en ciertas áreas, como el tratamiento del cáncer, la generación de electricidad y el diagnóstico de problemas médicos.

Marie Curie vivió en una época en la que se daban muy pocas

Arriba: En 1935, la hija de Marie, Irène, y su marido, Frédéric, recibieron el Premio Nobel de química. Habían descubierto la radiactividad artificial.

*"Es importante hacer un sueño de la vida, y de un sueño una realidad."*

**Pierre Curie**

## 1935
Irène Joliot-Curie y su marido, Frédéric, reciben el Premio Nobel de química.

## 1937
Ève Curie, que llegó a ser una periodista de éxito, publica una biografía sobre su madre.

oportunidades a las mujeres, pero no dejó que eso la hiciera retroceder. Marie no fue solamente una gran científica, sino que además ganó dos premios Nobel y ha sido una de las científicas más reconocidas de la historia. Su ejemplo ha inspirado a muchas jóvenes a tomar el camino de la ciencia.

El Panteón de París es un edificio de proporciones impresionantes, un monumento a los grandes hombres de Francia. Y, desde 1995, también rinde honores a las grandes mujeres que ha dado su historia. El 20 de abril de dicho año los restos de Pierre y Marie Curie se trasladaron desde Sceaux hasta el Panteón. Hubo un desfile, bandas y discursos de los presidentes de Francia y de Polonia.

Fue una gran celebración para dos personajes en realidad tímidos, pero con vidas extraordinarias.

**Izquierda: Una larga alfombra blanca sale del Panteón de París en 1995 para recibir a Pierre y Marie Curie.**

## 1958
Hélène Langevin-Joliot, nieta de Irène, es admitida en el Instituto de Física Nuclear de la Universidad de París.

## 1995
Marie y Pierre Curie son trasladados al Panteón de París.

# Glosario

**anemia:** enfermedad que afecta la sangre.

**átomo:** la parte más pequeña de un elemento hecha de otras más pequeñas, como los electrones, que orbitan alrededor de un núcleo central hecho de neutrones y protones.

**barómetro:** instrumento que mide la presión del aire y puede utilizarse para predecir el tiempo meteorológico.

**certificación:** prueba escrita de calidad o exactitud.

**compuesto:** sustancia hecha de dos o más elementos.

**corriente:** movimiento o flujo de electricidad.

**crisis nerviosa:** episodio de enfermedad, cansancio mental o depresión.

**cuarzo:** mineral que suele encontrarse en forma cristalina. Bajo presión, puede producir electricidad. Tiene muchos usos en la tecnología moderna, incluidos los relojes.

**elemento:** sustancia pura y básica, hecha de átomos, cuyo núcleo contiene el mismo número de protones.

**espectroscopio:** instrumento utilizado para estudiar la luz emitida por las sustancias.

**exilio:** expulsar a alguien de su país como castigo.

**experimento:** método para poner a prueba una idea de forma científica, o para descubrir un hecho desconocido.

**física:** rama científica que estudia la materia y la energía en la naturaleza, pero dejando de lado los procesos químicos y las formas de vida.

**gymnasium:** en Alemania o Polonia, colegio de educación secundaria dirigido por el Estado.

**hidrógeno:** el elemento más ligero que se conoce. Suele encontrarse en forma gaseosa. Al unirse al oxígeno, forma agua.

**institutriz:** mujer contratada para enseñar a los hijos de una familia en su propia casa.

**laboratorio:** taller científico donde se llevan a cabo experimentos.

**longitud de onda:** distancia desde la parte más exterior de una onda hasta el mismo punto de la siguiente. Los rayos de luz que vemos viajan con un movimiento parecido al de las ondas. Muchos otros tipos que no podemos apreciar a simple vista también lo hacen. Podemos medirlos gracias a su longitud de onda. Los rayos gamma tienen la longitud de onda más corta. A éstos les siguen los rayos X, los ultravioleta, los de la luz y los infrarrojos. Las ondas de radio son las más largas de todas.

**magnetismo:** fuerza que hace que dos metales se atraigan.

**mecánica:** ciencia que estudia las fuerzas y el movimiento.

**nacionalistas:** gente que lucha por que su país sea una nación independiente.

**núcleo:** corazón de un átomo. Está formado por un conjunto de partículas llamadas neutrones y protones.

**partícula:** parte muy pequeña de algo. Las partículas que son más pequeñas que los átomos, como los electrones, los protones o los neutrones, se llaman partículas subatómicas. Las partículas pueden estar hechas de materia o de fuerza.

**patente:** licencia para proteger un invento, por el que se deja constancia de que es el trabajo de una persona en concreto, y se evita así que otras puedan aprovecharse del mismo y le roben sus ideas.

**pechblenda:** mineral negro que contiene uranio, radio y polonio. También se lo denomina *uranita*.

**polonio:** uno de los elementos desconocidos que Marie Curie descubrió para obtener la pechblenda.

**positivismo:** creencia en el progreso social por medio del trabajo, la ciencia y la educación.

**prisma:** objeto transparente que descompone la luz en sus distintos colores. Las gotas de lluvia actúan como prismas en miniatura: dividen la luz del sol y crean así un arco iris.

**radio:** uno de los elementos desconocidos que Marie Curie descubrió y obtuvo de la pechblenda. Es altamente radiactivo.

**radiación:** emisión de rayos, especialmente por parte de un material radiactivo.

**radiactividad:** radiación producida cuando la estructura del núcleo del átomo se rompe.

**radioterapia:** uso de rayos X, gamma o sustancias radiactivas para tratar una enfermedad, como el cáncer.

**rayos gamma:** rayos con una longitud de onda más corta que los rayos X, desprendidos por algunas sustancias radiactivas.

**reacción nuclear:** cambio en la estructura o en el estado del núcleo atómico.

**sal:** compuesto formado cuando el hidrógeno de un ácido es sustituido por un metal.

**sanatorio:** centro de tratamiento al que acude la gente para recuperarse de una enfermedad.

**socialista:** persona que cree que la justicia social puede conseguirse cuando las empresas y los recursos son de propiedad pública.

**tifus:** enfermedad infecciosa transmitida por los piojos y las pulgas.

**tuberculosis:** enfermedad infecciosa que suele afectar a los pulmones.

**universo:** la totalidad del espacio, incluidas las estrellas, la materia y la energía que hay en él.

**uranio:** elemento radiactivo.

**rayos X:** tipo de rayo con una longitud de onda más corta que la luz visible.

# Bibliografía

*Madame Curie: A Biography*, Curie, Ève, publicado por Doubleday, Doran & Co, 1937 (edición traducida por Vincent Sheean, Da Capo Press, 2001)

*Marie Curie: A Life*, Quinn, Susan, publicado por Da Capo Press, 1995

*Marie Curie and the Science of Radioactivity*, Pasachoff, Naomi, publicado por Oxford University Press, 1996

*Obsessive Genius: The Inner World of Marie Curie*, Goldsmith, Barbara, publicado por Weidenfeld & Nicolson, 2005

Fuentes de las citas:

**p. 17** Las memorias de Helena Sklodowska, citadas de *Marie Curie: A Life*, Susan Quinn

**p. 41** *Autobiographical Notes*, Marie Curie, Macmillan, Nueva York, 1923

**p. 56** *Madame Curie: A Biography*, Ève Curie

**p. 58** Citado en *Obsessive Genius: The Inner World of Marie Curie*, Barbara Goldsmith

Información sobre los tiempos de Marie Curie en Internet:
**http://es.wikipedia.org/wiki/Marie_Curie**
Una biografía muy completa de Marie Curie, con enlaces a sus dos descubrimientos más importantes.

**http://investigacion.universia.es/mujer-ciencia/inicio/index.htm**
Breve repaso al papel de la mujer en el mundo científico.

**http://nobelprize.org/nobel_prizes/physics/laureates/1903/marie-curie-bio.html**
Sitio web oficial de los Premios Nobel, que recoge la trayectoria científica de Marie Curie que la hizo merecedora de sus dos premios.

**http://www.lenntech.com/espanol/tabla-peiodica/Po.htm**
En este sitio encontrarás información sobre el Polonio, el elemento que descubrió Marie Curie

**http://www.curie.fr/index.cfm/lang/_gb.htm**
Aquí podrás encontrar información sobre el Instituto Curie y sus actividades para luchar contra el cáncer

# Índice alfabético

# Agradecimientos

i = inferior, c = centro, s = superior, izqda = izquierda, dcha = derecha

**Cubierta** Corbis/Underwood & Underwood; **1** Getty Images/Hulton Archive; **2** Corbis/Bettmann; **4s izqda** The Art Archive/Museo histórico de Varsovia; **4i izqda** Getty Images/Hulton Archive; **4s dcha** Getty Images/Hulton Archive; **4i dcha** Getty Images/Hulton Archive; **7s izqda** The Art Archive/Museo histórico de Varsovia; **8** Getty Images/Piotr Malecki; **9** Lord Price Images; **10** Getty Images/Robert Harding; **11** ACJC-Curie and Joliot-Curie Fund, París; **12** The Bridgeman Art Library/Colección privada; **13** ACJC-Curie and Joliot-Curie Fund, París; **14i** The Bridgeman Art Library/Colección privada; **15s** AKG Images/Sotheby's; **15i** Getty Images/Hulton Archive; **16** The Bridgeman Art Library/Colección privada; **18–19** ACJC-Curie and Joliot-Curie Fund, París; **21** Getty Images/Hulton; **22** The Art Archive; **23** The Bridgeman Art Library/Colección privada; **24** The Bridgeman Art Library/Museo nacional de Cracovia; **25** Lord Price Images; **26** Lord Price Images; **27** ACJC-Curie and Joliot-Curie Fund, París; **29** The Bridgeman Art Library/Christie's Images, Londres; **30–31** The Bridgeman Art Library/Musée Carnavalet, París; **30i** Science Photo Library; **31s izqda** Getty Images/Hulton Archive; **31i dcha** Photos12; **32** ACJC-Curie and Joliot-Curie Fund, París; **33** Scala Florence; **35** Getty Images/Hulton Archive; **36** Getty Images/Hulton Archive; **37** ACJC-Curie and Joliot-Curie Fund, París; **39** Getty Images/Hulton Archive; **40** Photos12/Oronoz; **42** Photos12; **43** Science Photo Library; **44izqda** The Bridgeman Art Library/Royal Society, Londres; **44c dcha** Science Photo Library; **45** Science Photo Library/Arthus Bertrand; **45s** Science Photo Library/Scott Camazine; **45i dcha** Photos12/Keystone; **46** ACJC-Curie and Joliot-Curie Fund, París; **47** Photos12/Interfoto; **49** Getty Images/Hulton Archive; **50** Science Photo Library; **51** Getty Images/Hulton Archive; **52s** The Advertising Archives; **52i** Corbis/Bettmann; **53s izqda** Science Photo Library; **53 c dcha** Corbis; **53i** Getty Images/Hulton Archive; **54** Getty Images/Hulton Archive; **55** Lord Price Images; **56** Getty Images/Hulton Archive; **57** Getty Images/Robert Harding; **58** ACJC-Curie and Joliot-Curie Fund, París; **59** Getty Images/AFP.